INSTRUCTION

SUR

LA POLICE DES CHIENS

INSTRUCTION

LA POLICE DES CHIENS

Application des règlements de police
dans les campagnes, dans les villes, à Paris
et dans les communes
du ressort de la Préfecture de police.

PARIS	LIMOGES
11, *place St-André-des-Arts*	18, *rue Manigne*, 18

IMPRIMERIE ET LIBRAIRIE MILITAIRES

Henri CHARLES-LAVAUZELLE

INSTRUCTION

SUR

LA POLICE DES CHIENS

Application des règlements de police
dans les campagnes, dans les villes, à Paris
et dans les communes
du ressort de la Préfecture de police.

PARIS ET LIMOGES
Henri CHARLES-LAVAUZELLE
Libraire-Éditeur.

INSTRUCTION

LA POLICE DES CHIENS

Règlements de police concernant la circulation et la divagation des chiens.

Le Code pénal, art. 475, n° 7, punit d'une amende de 6 à 10 francs ceux qui auront laissé divaguer des chiens dangereux ou enragés, et ceux qui auront excité ou n'auront pas retenu leurs chiens lorsqu'ils attaquent ou poursuivent les passants, quand même il n'en serait résulté aucun mal ni dommage.

Le soin d'obvier aux accidents fâcheux qui pourraient résulter de la divagation des animaux malfaisants et féroces sur la voie publique a été confié spécialement à l'autorité municipale par la loi du 24 août 1790, et cette disposition est sanctionnée par l'art. 475, n° 7, du Code pénal.

En conséquence, les animaux qui peuvent être dangereux soit par leur naturel, soit à cause de circonstances accidentelles, doivent être l'objet de mesures de précaution contre les inconvénients de leur circulation, et les arrêtés que les maires peuvent prendre à cet effet, en vertu de la loi du 22 juillet 1791 sur l'administration municipale, ont leur sanction dans l'art. 471, n° 15, du Code pénal, qui punit d'une amende de 1 à 5 francs les contrevenants aux règlements municipaux (arrêt de la cour de cassation du 2 janvier 1866).

De ces dispositions, il n'en résulte pas moins que les préfets étant chargés, en vertu de la loi du 22 décembre 1789, de veiller au maintien de la sûreté publique, sont en droit, comme les maires, de prendre des arrêtés concernant les animaux malfaisants ; mais ces arrêtés sont alors applicables dans toute l'étendue du département, tandis que ceux des maires ne le sont que dans l'étendue du territoire de la commune.

Le préfet de police tient le même pouvoir de la loi du 18 pluviôse an VIII.

Les chiens ne rentrent pas tous nécessairement dans la classe des animaux malfaisants ou féroces (arrêt de la cour de cassation du 5 mars 1852), mais ils doivent être considérés comme tels lorsque, à raison de leur naturel particulier, ils peuvent faire courir soit aux personnes, soit aux animaux d'autrui, les dangers que la loi a pour but de prévenir ou de réprimer (arrêt de la cour de cassation du 2 janvier 1866).

Ainsi, l'art. 475 du Code pénal est applicable lorsqu'un chien attaque les passants sans y être provoqué (arrêts de la cour de cassation des 13 avril 1849 et 10 mars 1854).

Lorsqu'un chien mord un passant en se précipitant hors de la maison de son maître, ce dernier est passible de l'amende, bien qu'il n'ait pas excité le chien et par cela seul qu'il ne l'a pas retenu enfermé ou enchaîné (arrêts de la cour de cassation des 15 octobre 1851, 10 mars 1854 et 19 décembre 1856).

Le maître est également responsable, lors même que le chien se serait momentanément échappé de ses mains (arrêt de la cour de cassation du 4 octobre 1845);

Ou que le chien serait d'humeur pacifique et que le fait serait accidentel (arrêt de la cour de cassation du 10 mai 1861);

Ou que le maître n'aurait pas été présent au moment où le chien attaquait les passants (arrêt de la cour de cassation du 5 avril 1867).

Dans les campagnes, les arrêtés municipaux ont principalement pour objet d'empêcher que les chiens ne dévastent les propriétés et de prévenir les malheurs que peuvent causer ceux qui sont atteints de la rage. Ainsi, le maire peut ordonner d'attacher au cou des chiens, pendant la saison des vendanges, un bâton propre à ralentir leur course ou à les empêcher de passer à travers les haies (arrêt de la cour de cassation du 10 janvier 1834).

Si des chiens enragés ont été aperçus, le maire peut ordonner aux habitants de tenir leurs chiens enfermés, et si un ou plusieurs chiens ont été mordus par un chien enragé ou présumé tel, ordonner d'abattre tous ceux qui seraient trouvés errants dans la commune, mais non ceux qui seraient renfermés à domicile (arrêt de la cour de cassation du 16 novembre 1872).

Si un chien est reconnu atteint de la rage, le maire peut prescrire l'abatage immédiat de tous les animaux mordus, sans distinction de ceux qui sont ou non en état de divagation (arrêt de la cour de cassation du 20 août 1874).

Aussitôt que des symptômes de rage se manifestent parmi les chiens, le maire doit ordonner, par un arrêté, de tenir les chiens à l'attache ou de ne les laisser sortir que pourvus d'une muselière.

Après la publication de cet arrêté, il peut faire tuer tous les chiens qui seraient trouvés errants ou non muselés et désigner des préposés à cet effet.

La gendarmerie peut être requise par ce fonctionnaire pour prêter main-forte aux agents chargés de cette opération.

Les personnes qui contreviennent à un règlement municipal défendant de laisser divaguer les chiens ne sont punissables que des peines édictées par l'article 471, n° 15, du Code pénal, et non de celles plus sévères de l'article 475, n° 7 (arrêt de la cour de cassation du 18 juillet 1868).

Si un chien, gardé à vue par son maître, entre dans une maison et y étrangle un lapin, le propriétaire est passible des peines édictées par l'article 479, n° 2, du Code pénal (arrêt de la cour de cassation du 20 novembre 1868). Mais si un chien a commis un méfait de cette nature en étant laissé en divagation, il peut être fait application au propriétaire des articles 475, n° 7, et 479, n° 2, du Code pénal (arrêt de la cour de cassation du 12 juin 1866).

Un chien qui est porté à mordre les passants ne doit pas être abandonné sans précautions suffisantes, aussi bien sur la voie publique que dans les cabarets, magasins et autres lieux ouverts au public (arrêts de la cour de cassation des 15 novembre 1856 et 8 novembre 1867).

Il peut être fait application des peines édictées

par l'article 320 du Code pénal au maître d'un chien qui a mordu un individu.

Dans les villes, des arrêtés ordonnent que tous les chiens circulant sur la voie publique devront porter un collier avec l'indication du nom de leur maître (arrêt de la cour de cassation du 5 août 1841); d'autres, que les chiens devront être muselés (arrêt de la cour de cassation du 1er juillet 1842); d'autres, que les chiens devront être conduits en laisse.

L'autorité peut également interdire la divagation de tous les chiens dans certaines saisons ou dans certaines circonstances, en vue de prévenir l'invasion ou la propagation de la rage.

Les procès-verbaux rédigés par la gendarmerie en matière de contravention à la police des chiens doivent être adressés au Procureur de la République ou au Juge de paix suivant le cas, après avoir été enregistrés et visés pour timbre.

A Paris et dans les communes du ressort de la Préfecture de police, les mesures les plus complètes sont prescrites par une ordonnance du 27 mai 1845 :

« Il est défendu : 1° d'élever et d'entretenir dans les habitations un nombre de chiens tel que la sûreté et la salubrité des habitations voisines se trouvent compromises; 2° dans tous les temps de laisser vaguer ou de conduire, même en laisse, des chiens sur la voie publique, s'ils ne sont pas muselés.

Les chiens doivent, en outre, avoir un collier soit en métal, soit en cuivre, garni d'une plaque de métal où doivent être gravés les noms et demeures des personnes auxquelles ils appartiennent. Les chiens doivent être tenus muselés dans l'intérieur des magasins, boutiques, ateliers et autres lieux ouverts au public, même lorsqu'ils sont à l'attache.

Il est défendu aux entrepreneurs et aux conducteurs de messageries, diligences et autres voitures publiques, de souffrir dans ces voitures des chiens non muselés.

Il est enjoint aux marchands forains, aux blanchisseurs et autres voituriers et charretiers qui sont dans l'usage d'amener des chiens avec eux, de les museler et de les tenir attachés de très court, avec une chaîne de fer, sous l'essieu de leur voiture.

Il est également défendu d'atteler ou d'attacher des chiens aux voitures traînées à bras.

Il est défendu d'amener, dans l'intérieur des abattoirs, des chiens autres que ceux des conducteurs de bestiaux; ces chiens doivent être muselés lorsqu'ils sont dans ces établissements.

Des mesures particulières sont prises, dans la même ordonnance, à l'égard d'une espèce de chiens qui se distingue par ses instincts féroces : les bouledogues soit de race pure, soit métis ou croisés. Il est défendu : 1° de laisser circuler ou de conduire aucun de ces animaux sur la voie publique, même en laisse et muselé; 2° de tenir ces animaux, quand même ils seraient à l'attache et muselés, dans des magasins, boutiques, ateliers ou lieux quelconques ouverts au public.

Il est défendu de déposer sur la voie publique des corps d'animaux morts accidentellement ou de maladie. Ils doivent être enfouis dans la journée à un mètre trente-trois centimètres au moins de profondeur dans le lieu désigné par l'autorité, à peine d'une amende de la valeur d'une journée de

travail et des frais de transport et d'enfouisse-
ment (loi du 6 octobre 1791, art. 13).

Protection due aux chiens.

Les chiens sont protégés par diverses dispositions.

D'après la loi du 28 septembre 1791, titre II,
art. 3, toute personne convaincue d'avoir, de des-
sein prémédité, méchamment, sur le territoire
d'autrui, blessé ou tué bestiaux ou chiens de
garde, doit être comdamnée à une amende double
de la somme du dédommagement. Le délinquant
peut être détenu un mois, si l'animal n'a été que
blessé, et six mois, si l'animal est mort de sa
blessure ou en est resté estropié. La détention
peut être du double si le délit a été commis la
nuit, ou dans une étable, ou dans un enclos rural.

D'après l'art. 454 du Code pénal, quiconque a
tué un chien dans un lieu dont celui à qui cet animal appartient est propriétaire, locataire, colon ou
fermier, est passible d'un emprisonnement de six
jours à six mois, et, d'après l'art. 479, ceux qui
ont occasionné la mort ou la blessure des animaux
appartenant à autrui par l'effet de la divagation
d'animaux malfaisants ou féroces, sont punissables
d'une amende de 11 à 15 francs.

Nul n'a le droit de tuer ou de blesser sans
nécessité les animaux appartenant à autrui (art.
452 du Code pénal.)

Enfin, d'après la loi du 2 juillet 1858, ceux
qui exercent publiquement et abusivement de
mauvais traitements envers les animaux domesti-
ques, sont punissables d'une amende de 5 à 15

francs et peuvent être condamnés à un emprisonnement de 1 à 5 jours.

Soins à donner aux personnes mordues par des chiens.

Lorsqu'une personne a été mordue par un animal enragé ou supposé tel, il convient d'appliquer
tout de suite et profondément, sur les blessures,
un morceau de fer chauffé à blanc. Un fer à
plisser, un bout de tringle, le manche d'une
pelle, un fragment quelconque de fer de forme
étroite et allongée, peuvent être employés partout
et instantanément à cet usage.

En attendant que le fer soit chauffé, on aura
soin d'exprimer les blessures, afin d'en faire
sortir la bave ou le sang qui les imprègnent. On
pourra même laver ces blessures avec de l'alcali
volatil étendu d'eau, de l'eau de savon, de l'eau
de chaux, de l'eau salée, et, à défaut de ces liquides, avec de l'eau pure.

Dès que le fer sera prêt, on se hâtera d'essuyer
les plaies et de les brûler profondément. L'emploi
du fer rougi à blanc n'est pas seulement plus
sûr que celui des divers caustiques solides ou
liquides, il cause aussi moins de douleur.

On ne saurait trop rappeler au public le danger
des prétendus spécifiques que vendent et distri-
buent les charlatans.

Toutes les fois que l'application du fer rouge
pourra être faite par un homme de l'art, il y
aura avantage pour le blessé. Dans tous les cas,
il sera nécessaire d'appeler un médecin, attendu
qu'il pourra seul apprécier la profondeur des

blessures et l'effet de la cautérisation, qui resterait sans efficacité si elle avait été faite incomplétement.

Comme il est utile de constater si les chiens qui auraient fait des morsures sont réellement enragés, il faut se garder de les tuer (instruction du conseil d'hygiène publique et de salubrité du département de la Seine).

Chiens perdus ou trouvés.

Les chiens étant assimilés aux meubles par la législation, celui à qui il a été volé un chien, ou qui l'a perdu, peut le revendiquer, conformément aux art. 2279 et 2280 du Code civil.

A cet effet, le propriétaire de l'animal doit en faire la déclaration à l'autorité municipale. A Paris, cette déclaration est faite au commissaire de police qui la transmet à la préfecture de police

La personne qui a trouvé un chien doit en faire la déclaration à l'autorité. Le propriétaire de l'animal, s'il est connu, est invité à le reprendre, et il doit rembourser les frais qui peuvent avoir été faits. Dans le cas où l'animal n'est pas réclamé, il est envoyé en fourrière, et les frais sont à la charge du propriétaire. Le temps de fourrière ne peut dépasser huit jours (décret du 18 juin 1811, art. 39 et 40).

Celui qui trouve un chien abandonné et le garde pour se l'approprier se rend coupable d'un vol spécifié en l'art. 379 du Code pénal.

Taxe des chiens.

Il n'entre pas dans le programme de ce petit ouvrage de parler de la taxe des chiens ; nous en dirons cependant un mot.

La loi du 2 mai 1855 a établi sur les chiens une taxe qui est perçue au profit des communes, et qui ne peut être supérieure à 10 francs ni inférieure à 1 franc.

Les tarifs ne comprennent que deux taxes ; la plus élevée porte sur les chiens d'agrément ou servant à la chasse, la moins élevée porte sur les chiens de garde, y compris ceux qui servent à guider les aveugles, et, en général, sur tous ceux qui ne sont pas compris dans la première catégorie.

Les possesseurs de chiens doivent faire à la mairie, du 1er octobre au 15 janvier de l'année suivante, une déclaration du nombre de leurs chiens et des usages auxquels ils sont destinés. A défaut de cette déclaration, ou si elle est incomplète ou inexacte, la taxe est triplée dans le premier cas et doublée dans le second cas (décret du 4 août 1855).

La déclaration, une fois faite, n'est renouvelable qu'en cas de mutation, et la taxe est due jusqu'à déclaration contraire (décret du 3 août 1861).

Table des Matières.

Limoges. — Imp. Henri CHARLES-LAVAUZELLE.